A RARE
GLIMPSE
OF GOD

AFZAL ASKARI

AURAQ
PUBLICATIONS

Printed in The Islamic Republic of Pakistan.

Printed: August, 2021
Edition: 1st
ISBN: 978-969-749-143-8
Price: Rs 800 PKR, $ 8 US

www.auraqpublications.com | raabta@auraqpublications.com
@AuraqPublications | @AuraqBooks | +92-300-0571-530
Printed and Bound by *Passive Printers* - www.passiveprinters.com

TO MY LIFE, MY MOTHER...

TO MY HERO, MY FATHER...

TO MY HAPPINESS, MY SISTERS...

TO MY STRENGTH, MY READERS...

TO MY MENTORS.

ہے غالبؔ غالب ایسا کہ اب تک اقبالؔ ہے ...

ہے اقبالؔ کا اقبال اتنا کہ اب تک غالبؔ ہے ...

ہیں اگر شمس و رومی تمھارے لئے الگ الگ

تو کیا خاک سمجھے ہو تم ان کا فلسفہ

"You bear countless stories in yourself."
Said the Sun and the Man on their first
encounter.

On every page of this book there is a different
story. Some narrated by the Sun and some by
the Man.

And when all the mirrors of consciousness and existence failed to reflect my image,

The longing to see myself begun through quest of God.

نہ دِکھا سکا مجھے عکس میرا، کوئی بھی آئینہ ۔۔۔۔
و گرنہ کہاں ہم اور کہاں تلاشِ خدا

And then I found no one but God to embrace me with all my flaws.

Oblivious I am with the picture of God, this world paints of.

کمال ہی کر دیا خدا نے مجھ گنہگار کو سہارا دے کر

زمانے میں مشہور نجانے کون سا خدا ہے

And then all the virtues of a Man gathered the courage to make Him narrate His final odyssey.

"A desire to carve yourself once again, necessitates not you but all the divinity."

ہے اب ضد تمہاری تو سنا دیتا ہوں داستان میں اپنے سفر کی تم کو

واجب ہو جاتا ہے خدا کو چاہنا، ایک بار پھر سے خود کو چاہنے کے لیے

Though everything about this God's given life
was taught to me by loneliness,

But I will be remembered as the most splendid
disciple of just helplessness.

سکھایا تو بہت کچھ ہے میری تنہائی نے مجھ کو خدا مگر

شاگرد میں بہترین صرف بے بسی کا بن سکا۔۔۔

Well aware is God about the deceiving nature of my every vanity,

Yet He insists to make me retrieve all the origins of my insanity.

چاہیے کیا ہے اب مزید خدا کو میرے پاگل پن سے خدا ہی جانے۔۔۔

وفا تو کر نہ پایا کبھی مجھ سے ایک بھی غرور میرا۔۔۔

And then the miracle of resemblance happened in the acts of my Beloved and Divine.

The chants of "let it go, let it go, let it go" were sung by both to me, at the same time.

خدا تو چلو خدا سہی، مگر تم بھی کمال کرتے ہو۔۔۔۔

دونوں بھول جانے کی بات اکثر بار بار کرتے ہو۔۔۔۔

I was longing to see Undivided God by the creation,

When love asked me "Who will mourn for me?"

ایک تُو ہی نہیں بنا ہوا انسان کے ہاتھوں سے اے خدا۔۔۔۔

مشہور ہے زمانے میں عشق بھی حقیقی اور مجازی کے نام سے

The path I have chosen gets really challenging sometimes.

But then I recall that the God I love, loves to test this soul all the time.

تھک تو جاتا ہوں میں بھی اکثر، اس راہ پر چل کے مگر۔۔۔۔

کیسے بھول جائیں کہ آزمائش ہے خدا کا کام پسندیدہ

And then the stage was set for the final act of God to show His masterpiece.

Thus the thought of humanity was unveiled to all of mankind but He found no one perceiving it.

ہے بیشک انسان ہی خدا کی مخلوقِ اشرف مگر۔۔۔۔

جان نہ پایا اُس خیال کو کوئی، کہا جسے انسان خدا نے

Nothing can define the test of life better than this,

Humanity has to be there, before any desire, even desire of divinity.

نہ مل سکی کوئی بھی تعریف مجھے، آزمائشِ زندگی کی اِس کے سوا۔۔۔

ہے واجب انسانیت ہر عشق سے پہلے، ہو چاہے وہ عشقِ خدا۔۔۔

When creation asks me the reason of my
strong belief in divinity

I ask them, who can master the art of
concealing identity.

نہ ہو کیوں مجھے ، میرے خدا پر یقین ۔۔۔۔
اس قدر پردہ تو کوئی خدا ہی کر سکتا ہے ۔۔۔۔

If you want God to paint you once again.

You have to give Him the blank canvas of yourself first.

بدل دے گا تمہاری تقدیر بھی خدا، ایک نئی کہانی لکھ کے مگر۔۔۔۔

فراہم کرنا ہو گا تمہیں وہ کاغذ اُسے، جو ہو پاک تمہاری کسی بھی تحریر سے

And then our separation introduced me to the new thought of God, sweetheart.

Or else I was too obsessed with the worldly definitions of Him.

چلو یہ بھی کیا کم ہے کہ تمہارے بعد خدا مل گیا مجھے

و گرنہ ہم تو زمانے کے خدا کی تلاش میں تھے

O God, I have seen every believer claiming to be your beloved or lover.

And here I am with the stubbornness of just being your friend only.

ہے کوشش ہر ایمان والے کی

کہ بن جائے تیرا عاشق یا معشوق اے خدا۔۔۔

ایک ہم ہی ہیں جو ضد پر اڑے ہیں، تجھ سے دوستی کے لیے۔۔۔

Extremity was hit I thought, when I found myself in countless pieces.

O God, Even you didn't tell me that the real challenge was to find those pieces.

سوچا تھا کہ ہر حد ہوئی پار، جو ٹوٹ کے چُور ہوئے ہم اے خدا۔۔۔۔

کیا خبر تھی کہ اصل امتحان تو ہے، ہر ذرے کو ڈھونڈنا۔۔۔۔

After your departure, my love, not only did I discover all of divinity.

But I met with this strange stubbornness too, buried in me since eternity.

آگاہ نہ ہوا میں صرف خدا سے ہی، تمہارے جانے کے بعد۔۔۔

مدتوں سے دفن جو ضد تھی مجھ میں، مجھے دریافت ہوئی۔۔۔

It's just God now, I want to get close to.

As I have seen myself in my own company too.

اس لیے بھی رہتا ہوں اب، خدا کے قریب میں۔۔۔

دیکھ چکا ہوں خود کو میں اپنی بھی صحبت میں۔۔۔

Occupied I am with all the responsibilities of my own existence, dear God.

Necessary but it has been made by someone for me to interact with you all the time.

سونپے تو بہت سے فرائض تیری دی ہوئی زندگی نے مجھے اے خدا مگر۔۔۔

واجب ایک شخص کر گیا مجھ پر، تجھ سے ہم کلام ہونا

Yes, silence is my new obsession, dear God, but it's for a reason.

For my words now take me back to the soul, once I was very keen on.

اس لیے بھی اکثر خاموش رہتا ہوں اے خدا۔۔۔
جو کروں بات اب، تو یاد آتا ہے سننے والا کوئی۔۔۔

Yes you were the reason of my every prayer once, my beloved.

But now God knows, whether that quest and quester exists anymore.

ہاں تمہیں مانگا تھا میں نے خدا سے مگر

اب صرف خدا جانے کہ وہ 'میں 'کہاں اور وہ 'تم 'کہاں

Sometimes I wonder, for what my God will judge me?

For I was never even present for myself too.

جانے کس بات کا حساب دے پاؤں گا خدا کو۔۔۔

میسر تو میں کبھی خود کو بھی نہ ہوا۔۔۔

By defining its own standards of justice, creation often asks a witless question.

"If God exists, then why exists all the injustice?"

خود کا پیمانہ بنا کر پوچھ بیٹھتا ہے اکثر انسان۔۔۔
ہے موجود اگر زمانے میں خدا، تو انصاف کہاں ہے؟

Sometimes a man get arrogant for not having any arrogance.

کبھی کبھی انسان کو اس بات کا غُرور ہو جاتا ہے کہ اُس میں کوئی غُرور نہیں۔

Well aware I am with all your obligations, sweetheart.

It's just God's silence which worries me a lot.

جانتا ہوں تمہاری ہر مجبوری مگر۔۔۔۔۔

حیران تو میں خدا کی خاموشی پر ہوں۔۔۔۔

Narrating my story to God every day is just
because of one simple reason.
I want to know every perspective of it just to
understand it better every time.

سنا تا ہوں جو میں روز اپنی کہانی اپنے خدا کو۔۔۔

مقصود ہے اس سے صرف خود کو کچھ نئے پہلو سمجھانا۔۔۔

To retrieve my soul once again from the darkness of despair to the light of ecstasy.

Necessitated just my belief not in me but in all the strength by divinity.

بڑے دُور سے ہو کر آیا ہوں واپس، تیرے پاس اے خدا۔۔۔
یقین خود سے زیادہ مجھے، تیرے انتظار پر تھا۔۔۔

Known I am often as a disobedient of God.

Unknown I am but to my any intent of harm to his creation.

سنتا تو نہیں ہوں تیری بات میں اکثر، اے خدا مگر

باعثِ تکلیف نہ بن سکا کبھی، تیرے کسی بشر کے لیے

To believe in God,

You just have to win freedom from yourself.

آ جائے گا تمہیں بھی خدا پر یقین ۔۔۔

اِک بار خود سے نکل کر تو دیکھو ۔۔۔

I cannot lie to myself anymore, dear God.

All those prayers were never by me but by my egoistic desires.

مزید خود سے جھوٹ، میں اب بول نہیں سکتا اے خدا

جانے کیوں ہر خواہشِ انا کو سمجھ بیٹھا میں اپنی دعا۔۔۔

Questioning your any decision Dear God is not what I am fond of.

But yes it may take a lifetime to me to understand your decision now.

منوا تو لی ہے بات اپنی تُو نے اے خدا مگر

ایک وقتِ طویل درکار ہو گا مجھے یہ بات سمجھنے میں

All my life I was related to my God only through silence.

This new habit of expressing arrived just after your arrival sweetheart.

تعلق تو خدا سے میرا کافی پرانا ہے ۔۔۔
تم جو آئے تو گفتگو شروع ہوئی

My beloved, one of the reasons of you not being God, is that.

The idea of two Gods would be a joke in itself.

ہے ایک یہ بھی وجہ، تمہارے خدا نہ ہونے کی۔۔۔

جو خدا دو ہوتے تو وہ کیا ہی خدا ہوتے۔۔۔

Even God is waiting for me to pour my heart out.

Sweetheart, how can you protest on my silence, after this verity now?

میں تو نہ بتا سکا، کبھی خدا کو بھی یہ بات ۔۔۔۔

نجانے تمہیں کیوں شکایت ہے ،اب تک میری خاموشی سے

Every star is in debt to the darkness of this cosmos, dear God.

Nourishment of peace without the generosity of pain is just an illusion.

ہے مقروض ہر ستارہ کائنات کی سیاہ چادر کا، اے خدا۔۔۔

کرم نہ کرے درد اگر، تو کہاں ہوتا ہے سکون جواں

By reflecting all the rays of my affection, with the mirror of your conditions,

You make me wonder, what good is in all these attempts to be Divine, my love.

گلہ تم سے صرف اتنا کہ تم خدا بن گئے۔۔۔

ہم نے تم کو چاہا اور تم نے شرائط رکھ دیں۔۔۔

Imploring in the name of God, before
performing the final act every time,

Stunned I am not by my beloved cruelty but
this distinctive style.

کیا ہی حد بتاوں میں اُس ظالم کے ظلم کی، اے خدا تجھے

دے دے کر واسطہ تیرا، مانگتا ہے اجازت وہ ایک اور ظلم کی

Why should I complain to God, about any pain given to me by the creation?

In all their incognizance, they healed the very soul in me, with the intent of poisoning me.

گلہ کیوں ہو مجھے ، زمانے سے ملے ہوئے کسی بھی درد کا اے خدا ۔ ۔ ۔
نادان یہ مخلوق تیری ، دیتی رہی دوا بھی مجھے زہر سمجھ سمجھ کر

Astounded I am, by the creation getting stunned after knowing the infiniteness of this universe.

O God, the mankind of this time will be remembered just for their sheer ignorance only.

حیران ہوا میں انسان کے حیران ہونے پر
جانی جب اُس نے اِس کائنات کی لامحدودی۔۔۔
اے خدا یہ وقتِ آخر کا انسان تیرا، تو بڑا ہی کم عقل نکلا

O God, deep down every consciousness is fully cognizant of the beauty of existence.

But the step towards thankfulness from being patient has yet to be taken.

حسین تو بہت ہے تیری دی ہوئی زندگی خدا مگر۔۔۔

مراحل باقی ہیں ابھی کافی، صابر سے شاکر ہونے تک

Dodging pain is dodging yourself.

انسان اپنے آپ کو تب دھوکا دیتا ہے جب وہ اپنے درد کو دھوکا دے۔

A question I avoided all my life was finally asked by my soul at last.

"Wasn't solitary the characteristic of God only?"

پوچھ ہی لیا آج میری روح نے مجھ سے وہ سوال۔۔۔

''تنہا تو نہ تھی کیا صرف ذاتِ خدا؟''

The desire of you in my heart, sweetheart, has
its own desire now.

It frequently whispers its dream of migration
to me for my permission now.

ہے مشغول تیرا خیال میرے اندر، خدا ایک خیال میں ۔۔۔

جانے دوں گا کب اُسے اجازت میں ہجرت کی

Endured I have every torture just because of your advice, dear God.

And your silly creation think of me as a weak person.

حکم تھا تیرا تو سہہ لیا ہر ستم زمانے کا ،اے خدا۔۔۔

نادان یہ مخلوق تیری مجھے کمزور سمجھتی ہے

Human :Why ?

God: You will understand soon.

انسان: کیوں؟

خدا: جان جائے گا جلد

Human: Forgive me.

God: Forgive yourself first.

انسان: معاف کر دے مجھے

خدا: پہلے تُو کر خود کو

Human: Why did you break me?
God: To enter.

انسان: توڑا کیوں؟

خدا: داخل ہونے کے لیے

Human: I am anxious.

God: Carve yourself.

انسان : بے چین ہوں

خدا : تراش خود کو

Human: Who is my enemy?
God: You.

انسان : دشمن کون ہے میرا؟

خدا : تُو

Human: Who is my friend?
God: You.

انسان: دوست کون ہے میرا؟

خدا: تُو

Human: What are you?

God: You will never understand

انسان: تُو کیا ہے

خدا: جو کیا ہی رہے گا

To know or discuss the writer's
perspective about any part of this book,
feel free to contact at

m.afzal.askari@gmail.com

Printed and Bound by *Passive Printers* - www.passiveprinters.com
Printing press that offers Print on Demand (POD) Facility.
Printed in The Islamic Republic of Pakistan. 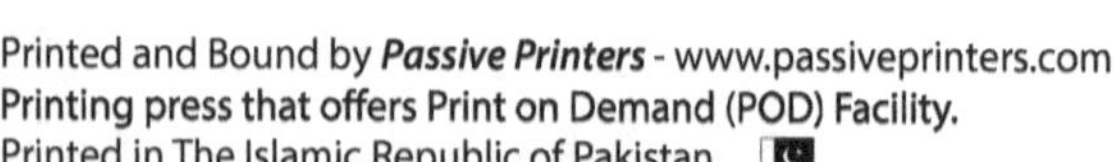

www.ingramcontent.com/pod-product-compliance
Lightning Source LLC
Chambersburg PA
CBHW020125180726
47992CB00020B/2505